LA FORME DU JOUR

Élise Turcotte

LA FORME DU JOUR

Éditions du Noroît

Le Noroît souffle où il veut, en partie grâce aux subventions du Conseil des Arts du Canada et de la Société de développement des entreprises culturelles du Québec.

Les Éditions du Noroît bénéficient également de l'appui du Programme de crédit d'impôt pour l'édition de livres du gouvernement du Québec (gestion SODEC).

Artiste :
Judith Bellavance,
COUVERTURE
Ma sœur aux cent pas, 91,5 x 91,5 cm, 2012 ;
VERSO
À distance de continent, 91,5 x 91,5 cm, 2013,
Galerie Lacerte.

Conception graphique :
Martin Dufour

Dépôt légal : Premier trimestre 2016
Bibliothèque et Archives nationales du Québec
Bibliothèque et Archives Canada

ISBN 978-2-89766-014-7

DISTRIBUTION AU CANADA
EN LIBRAIRIE
Dimedia
539, boulevard Lebeau
Saint-Laurent (Québec) H4N 1S2
Téléphone : 514 336-3941
Télécopieur : 514 331-3916
Courriel : general@dimedia.qc.ca

Éditions du Noroît
4609, rue D'Iberville, bureau 202
Montréal (Québec) H2H 2L9
Site : www.lenoroit.com
Courriel : lenoroit@lenoroit.com
Téléphone : 514 727-0005

DISTRIBUTION EN EUROPE
Librairie du Québec
30, rue Gay-Lussac
75005 Paris
Téléphone : 01 43 54 49 02
Télécopieur : 01 43 54 39 15
Courriel : liquebec@noos.fr

Imprimé au Québec, Canada

L'auteure remercie le Conseil des Arts du Canada pour son soutien.

1
LES JOURS

PREMIÈRE SEMAINE
AN 2009-2010

Un

Le 26 mai en attendant d'être tuée,
en attendant d'être née,
la rage en bouquets de griottes flottant dans l'alcool,
le pot en verre sous mon bras,
j'ai vu une patte de chevreuil dans la rue, la moitié
d'une patte gisant dans le caniveau.
Je marchais, il y avait du vent, et dans ce vent,
les feuilles éparpillées de mon livre non écrit.

Un petit garçon dans le métro m'a ensuite redonné la vue,
à Lucien-Lallier est sorti suivi de son papa,
rapide fusée violette dans un souterrain,
estampillant le ciel bas.
Restaient un écho, un oiseau fixe,
une brûlure au thorax.
Je lisais,
le temps en écharpe sur l'épaule,
les autres comme avenir,
les vivants et les morts, les animaux fuyants,
ton silence et le dialogue.
Toutes les secondes tendaient vers plus de mots,
moins, moins de mots,
les images croulaient comme des miettes de pain
au creux d'une banquette.
C'était tout de suite le passé,
je me demandais si quelqu'un entendait, si quelqu'un
voyait.

C'était sans éblouissement, c'était un récit
sans personne,
une patte d'animal reconduite dans un atelier.

À cinq heures, j'ai erré, j'ai mangé dans l'oubli
— ce mot gaspillé —
j'ai eu la mémoire d'un trait de pinceau.
La dureté du désordre me rappelait une autre
vérité, ma main noire flambait.
Mon idole froide survivait toujours dans un petit bouchon
de liège.

La forme a surgi ce jour-là comme un cerf muet dans la
ville blanche.

Deux

En octobre, la forme du jour a flambé
comme une tête d'animal déporté au ciel.
J'ai été solide à la pensée du pont occupé
par cet animal,
j'ai vécu jusqu'à novembre,
j'ai été l'autre avec la caméra sur le pont flambé,
j'ai été le possible,
je n'ai pas fui dans un monde en dessous des mots
— cette vague sans espérance —
je n'ai pas fui, j'ai désobéi en me servant
des mois et des mots les plus pauvres.

C'était affolant le soir d'entendre le chat
dormir sous mon lit,
sa respiration terrifiante de vie,
fragile étrangeté,
la forme du souffle multipliant la révolte
et ma solitude.
Je m'étendais sur demain,
le vers du poème luttait dans la chambre,
le chat dormait, le souvenir des arrestations
repassait dans le noir.
Et puis le vers du poème se déplaçait — moi l'histoire —
ce vers,
d'un muscle à un autre,
d'un événement à un autre,
tentes dressées dans les souterrains,
camions d'ombre dans la cité des marchandises,
feux de paroles allumés dans le paradis des riches.

J'ai vu clair en novembre,
je n'ai demandé aucune permission.
Une phrase de journal me ramenait sans cesse aux idées les plus fortes.
J'ai mobilisé la neige d'une rue qui me poussait depuis longtemps
à parler.
Cendres de roches, blanche peau de forêt.
Le temps était mon abri, nous disions ce qui mourait,
ce n'était pas la fin.

Trois

Il y a eu un grand brasier dans la rue devant
ma maison.
Je suis sortie en costume de nuit. Pieds nus sur
l'habitude de tout regarder.
Mes pieds ont brûlé tandis qu'autour on s'arrachait en groupe
à la nostalgie.
J'ai marché fort immobile jusqu'à l'aube.
Tout s'est mêlé aux paroles terrifiantes de l'homme
qui fumait en avalant ses bronches :
septembre qui était déjà devenu le mois de la mort,
les fleurs qui survivraient trop longtemps.
Elles vivraient séchées comme des tiges de blé
dans le sous-sol d'un survivant.

Je ne dis pas le récit d'une catastrophe
— ce n'était pas vers toi —
je ne tends pas le piège de la solitude,
ni celui du monde sans frontières.
Les glaciers étaient noirs, bordés par la peur et les étoiles crayeuses,
le sentier vers l'avenir diffractait la réalité comme un miroir géant,
les idées sales dominaient et les renards blancs buvaient l'eau de la brume.
C'était vers nous en loques de paysages.

J'ai écrit sur la pierre.
Nous étions petits et grands,
les suicidés chevauchaient des montagnes d'espoir.
Le ciel grisonnait.
Puis les animaux du Nord ont faibli, et la faiblesse elle-même
a disparu dans le temps.

Quatre

La forme du jour a cédé sous la pression de l'hiver.
Les murs se sont effondrés
— moi l'histoire j'ai pleuré —
les murs ont chuté une seconde fois dans la neige première
comme l'espoir.
C'était un vaste secret, un horizon d'animaux en horde,
un ciel froid à aimer.
Les petites maisons remplies de chiffres et de lettres brillaient
sous la voûte du soir, tu pesais ton silence dans la voiture en panne,
tu comptais les épines de ce silence tandis que je me nourrissais de ciel froid.

Existait cette histoire impossible : je me souvenais maintenant de ma mort, je l'écrivais
à nouveau sur une pierre volée au hasard.
Cette pierre rougeoyait comme une saison perdue, je pensais aux arbres secs,
à la douleur qui pouvait effacer la douleur.
Ce n'était pas une question de rire et d'oubli, cela se passait, les idées tranchaient
la densité de la nuit.

Il y avait le monde et sa beauté toujours endeuillée. Mais ce n'était pas hier dans les bras
d'un souvenir.
Il y avait des fantômes de chevaux revenus de la guerre.
Je repassais par la porte de mon rêve le plus noir, je comptais les visages dans la boue.
Je savais que le matin serait là, aussi vieux qu'un poème, attentif et lustré.
Les mots avaient des yeux à gauche, des paupières à droite. Je voyais ton ombre
dans leur nid.
La nuit se refermait et la révolte était.

Cinq

Un milliard d'êtres humains allaient quitter leurs terres inondées.
Les postiers livraient des lettres sans adresse dans le golfe du Bengale, de nouvelles frontières se formaient, et mars guerroyait avec moi, avec mes poèmes réfugiés de l'hiver.
Les oubliés replantaient de petits poumons verts dans la mangrove, je voyais cela de ma fenêtre fissurée par les grands vents.
C'était un exil de plus, un exil définitif, je ne pensais à rien d'autre,
dix mille soldats de l'armée de rien fleurissaient puis mouraient dans le désert.

À la Chandeleur, nous avions ouvert la porte d'une prison tous les deux.
Je m'étais rappelé la traversée du pont de Brooklyn dans le gris lumineux, c'était la fin du jour, le début de la nuit, j'avais libéré mes fils et mes filles, et ce souvenir flottait depuis comme un avion qui n'atterrit pas.
Tu es reparti le matin, joyeux.

J'ai continué à écrire des lettres.
Je composais la musique de mon cinéma. Il y avait tant à faire pour que l'ennemi se rende.
Et la vérité était sourde.
Des hommes me tournaient le dos et je glissais dans la rue de mars, la rue du regret, la rue de quand nous vivions.

Tu es revenu armé de mes propres armes.
Il fallait désormais chercher le possible.
J'ai cherché.
J'ai recueilli le chat perdu du grand brasier, moi qui n'étais plus morte, j'ai caressé sa fourrure malade, j'ai dansé comme on danse quand la pluie n'est plus là.
Mais trouver n'était pas mon verbe.
Tu m'as parlé d'un nouvel enfer.
La forme du jour a réfléchi un instant notre modeste vie.
Et puis l'ordre du monde s'est à nouveau inversé.

Six

Je t'ai libéré du sommeil.
Hallucinés, nous avons rejoint le pays oublié. La route était encombrée
de débris de souvenirs,
des objets fantômes flottaient autour des habitants
de la ville blanche.
Les bêtes traversaient la forêt, leur fuite résonnait
comme un adieu lancé dans l'espace.

Au Sud, la terre avait tremblé et brisé une partie de l'espoir humain.
Ces mois d'hiver s'entassaient comme les insectes sous notre lit, quelque chose
d'obscur commandait la chute de deux mondes.
Mais nous nous sommes réveillés et je t'ai conduit jusqu'à une autre nation.
Lointains étaient les mots lorsque nous marchions dans la sensation du vent perdu,
sous le regard des petites filles en robes colorées, des petits garçons aux bras maigres.
Proche était le langage extrait de la folie :
tes yeux comme des cages sans oiseau,
ma tête entourée de poèmes silencieux,
la poussière des vies détruites chantant sous nos pas.

Nous marchions sur le plus petit chemin pour réveiller les morts.
La guerre était terminée, le ciel disait de la guerre qu'elle était terminée,
les fruits s'ouvraient comme des fleurs de tombes.
L'instant, les roches, les soupirs ;
rien ne voulait encore être nommé.

Sept

Les fougères ont envahi le toit de notre maison et nous nous sommes regardés
comme des loups en forêt.
C'était une maison trouvée, juin avait fixé des caractères mobiles sur la porte ;
nous sommes entrés dans la vision devancée de l'été.
Le chat fou était toujours là, surveillant nos gestes, déroulant son passé sur une toile de lin.
Trente visages attendaient à l'étage du sang :
c'était des demandes de guérison, des espoirs de retour à la ville.
J'étais surprise d'être là, encerclée par toutes mes années.
J'avais milité pour la fuite sans récolte, j'avais agrandi mon œil taupe ;
présente au pays perdu, j'avais construit des édifices où des êtres bougeaient
sous la forme de l'obscur.
Et puis il y avait eu la route. Quelques herbes dans la mémoire la plus froide.

Les fougères grimpaient maintenant jusqu'au ciel couleur de minuit,
couleur de chagrin suspendu.
La lune brillait comme dans une histoire de prison.
Mais il existait encore des mots pour le cœur.
J'inventais cela : il y aurait maintenant des mots forts, des mots arrachés à la faim.
Je voyais le silence d'avant, le silence d'après ; je parlais comme un loup
dans sa forêt domestique.
La joie d'une seule fois conspirait avec nous.

Huit

Le robinier a entendu les soupirs d'un passant.
Je me suis mise à la fenêtre pour regarder le silence en noir et blanc
— vieux films de guerre, vieilles paroles ternies —
j'ai déplié le secret de ma maladie.
J'ai revécu dans la forme des mots,
encore étendue près du volcan qui crachait ses nuages,
encore silhouette de la destruction,
refrain de la nuit,
j'ai pensé jusqu'à l'autre partie de la tristesse en feu,
j'ai rampé jusqu'au souffle du vent sous la terre.
Tu étais tout à la fois ; l'ennui qui secouait ses insectes sur nous,
l'oubli qui miroitait dans un piano droit.
C'était un jour de juillet,
je rêvais de mon année sortie du froid,
sans consolation, je visitais la demeure des enfants perdus.
Il y avait une ombre sur la solitude,
car j'étais toujours là, et j'étais l'hôte de ma propre voix.

DEUXIÈME SEMAINE
AN 2010-2011

Neuf

Le 26 décembre j'ai escaladé mon chiffre en comète
aveuglée par sa propre lumière.
Ce n'était pas l'arrogance, ni une chute dans l'image.
Depuis l'été, je rêvais de la cicatrice d'une ville, j'avais pris des notes dans un cahier
du dimanche, le poids de l'Histoire me semblait toujours plus grave.
Je revisitais le Parlement des Arbres, puis l'information souterraine :
du train de la déportation étaient arrivées des cartes postales,
j'avais noté les détails
— un adieu à de chers enfants qu'on ne verrait plus,
un poème couché par terre,
une question grave d'un petit garçon à son grand-père —
j'étais seule dans mes oreilles, et dans la vue, et ma chambre à coucher
était aussi solide que moi.
J'avais ignoré des choses, mais je m'étais penchée pour lire des témoignages écrits sur le sol,
et je me pencherais à nouveau pour lire d'autres tragédies.
J'ai aspiré un peu d'oubli dans la nuit du 26 décembre.
Mais *l'art sans pressentiment n'est rien*, et la paix ne dure pas.
J'ai vu la brûlure dans mes arbres, j'ai écrit le roman de la mémoire travaillée
comme un parterre de fines dentelles.
La mort, elle, veillait en attendant de franchir le seuil
d'une autre maison.

Dix

Le silence s'est à nouveau rompu. C'était noir et pluie, renard, vent.
Puis l'image d'un peuple révolté s'est installée à demeure.
Nous sommes devenus les rêveurs devant un printemps en débâcle.

Sur l'écran du téléviseur,
je comptais le nombre de femmes.
Mais février parle autrement, disais-tu.
Peut-être que c'était fou. Peut-être que c'était la joie.
Peut-être la grande folie de la joie.

J'étais touchée la nuit par l'ombre de ce qui n'arriverait pas,
le chat regardait par la fenêtre trop calmement,
commencer à guérir ne signifiait rien si je restais seule,
séparée des autres dans mes draps colorés.
Il y avait l'entrée, il y avait la table, la cuisine :
un fil métallique reliait chacun de ces organes
jusqu'au salon où les peuples révoltés se multipliaient.
J'ai appris à faire quelques pas en fil-de-fériste survolant de petites sculptures de temps.
Toujours, le même visage aux yeux étonnés m'observait.
J'ai appris à peindre un tableau où la foule se déplaçait.
C'était mains fortes, lilas de secours ; c'était la forme étoilée du regret.

Onze

Le jeune homme en feu regardait aussi l'Amérique.
Peut-être est-ce ainsi que mon espoir fuyait.
Peut-être nous fallait-il aussi parler ce langage, le cœur libre,
la dignité.
La peur n'était pas de mourir, mais d'être sourd à l'Histoire.

Plus près de nous, les ruines étaient vives, une chaux blanche recouvrait les morts.
J'avais emprunté ce chemin, mon poème avait grandi dans le bleu du malheur.
Je comptais les têtes aux cheveux longs et sombres,
je ne savais pas ce qui viendrait,
la neige m'accordait pour l'instant son pardon.

Février n'est pas seulement noir, disais-tu.
Je voyais noir, je voyais sans yeux, la forme du jour
éclatait dans la misère des pierres.
La révolution nous tendait un piège pour demain.

Douze

Le visage a migré dans un lac secret. Les grands yeux noirs,
les animaux empaillés,
les flacons de parfum à moitié vides,
tout a changé de place, et ma propre conduite s'est mérité une mention dans le journal clandestin.
Paroles contre paroles, j'ai défendu mon territoire dans la Capitale du pardon,
ma solitude ensevelie sous la cendre des mots.
Il y avait des chaises alignées sur le trottoir, certains criaient, d'autres enfilaient des masques pour ne plus voir.
J'ai pris un train pour traverser le pays, j'ai changé de continent pour déposer un bouquet de fleurs rouges sur une tombe toute blanche,
d'immenses verrières, hautes comme le ciel, m'ont ensuite avalée au centre de la plus petite chapelle.
Heureux, ces moments où j'étais l'inconnue.
Au pays, les manèges continuaient à tourner à grande vitesse.
Sous le langage battait une haine persistante.
Je suis revenue pour apprendre que le réel ne serait jamais convoqué.
J'ai attendu des jours entiers avant que le poème naisse.
J'ai attendu, j'ai effacé une ardoise, j'ai posé des rideaux à mon corps.
De nouveau, le printemps a fait éclater une fenêtre.
Et puis une marée noire, une marée imprévue a figé le monde,
le mien, ceux de mes sœurs, de mon frère,
en un tableau de six stations cruelles :

Treize

De juin à septembre, l'avenir a d'abord perdu sa forme d'avenir,
comme si un seul jour avait avalé tous les jours,
comme si j'étais morte à la place des autres.
Je tenais l'enfant malade dans mes bras et une partie de sa peau était recouverte
d'un pelage blanc que je flattais avec joie,
c'était celui d'un jeune animal, nouveau-né dans le non-espoir,
je voyais qu'il souriait, le chat continuait à vivre près de moi,
c'était un automne de plus à l'arrivée, un automne, des feuilles d'érable abattues,
puis des feuilles d'érable réveillées,
fatiguées,
réveillées.
La mort n'était plus un symbole, ni une quête, ni même un paysage.
Je pleurais sans ami.
Je défendais un ordre précaire, mais vrai.
Nous étions maintenant sept milliards d'êtres humains sur la terre, un seul disparaissait
tandis que nous, les survivants, devions encore une fois revenir à la vie.
Dans l'attente, nous entendions ces chiffres qui un jour ne voudraient plus rien dire, nous étions
des animaux intelligents participant à leur propre déclin.
L'enfant, lui, avait de grandes mains qu'il posait sur la table devant moi sans parler
de l'énigme à résoudre.
Il était aveugle. Il voyait son passé s'adoucir comme un sage qui découvre la vérité et qui la tait.
Il cachait son visage, mais son visage brillait d'une lueur qu'il nous était impossible de toucher.
Sauf sa mère qui grandissait dans l'oracle.
Sauf les animaux de demain.
Divisés par trop de douleur.

Quatorze

Ensuite, il a neigé. Je me répétais cette phrase : Il neigeait.
Je ne pouvais pas le dire au présent, mais c'était le présent.
Il neigeait, l'attente était blanche, le grenier était froid.
Je n'écrivais plus rien, je touchais au réel.
Lorsque l'enfant est mort, le ciel s'est écrasé sur la ville.
Nous passions maintenant des heures à repousser de simples
projets de survie.
Les objets étaient vus, et caressés, puis achetés avec l'argent du jour.
C'était un troc impossible, mais efficace, contre la folie.
Les repas n'avaient plus lieu, nous troquions ensuite ces mêmes objets
contre une minute de désir.
Mais même la tristesse ne nous allait plus.
Nous n'étions plus le désir, les nouveaux poètes scrutaient chacun de nos
vers, c'était le règne de la suspicion,
les femmes parlaient entre elles, puis se taisaient.
Nous pensions que parler était vain,
mais vaine la mort d'un enfant ne pouvait l'être.
Alors les racines de l'enfance repoussaient.

Quinze

Novembre avait donc sorti son artillerie; guerre déclarée,
guerre perdue. C'est ainsi qu'on le pense.
La folie avait le visage d'un oncle, ce novembre se répéterait à jamais,
les métaphores pourrissaient dans le matin sale.
Je portais secours à d'autres famines, en vain, la rage en écharpe,
le temps flottant dans l'alcool.
Bientôt, il y aurait du sang.
Bientôt des assassinats.
Le chat se cambrait sous le lit, tête si basse qu'il pleurait,
nous avions perdu le passage vers décembre.
Lui aussi avait perdu le jour. Lui, le jour. Moi, l'histoire.
Nous étions nuit, nous :
les femmes parlant le silence avec des souliers plats.
Mais ce n'était plus le même nous.
Je croyais que la révolte soufflait,
je croyais que c'était nous,
je ne suffisais pas à la tâche.
Ma famille se dispersait dans l'oubli.

Seize

Cependant, le journal avait titré qu'une femme était encore assassinée
toutes les six heures
au Mexique.
Ce n'était pas la première fois.
Ce n'était pas le premier lieu.
J'ai été jugée.
Je l'avais été pour des raisons aussi sombres et humides
qu'une prison de l'ancienne épopée.
Je l'étais maintenant pour ma vieillesse radicale.
C'était l'ancienne épopée, c'était la loi, je voulais briser ce mur, je voulais
que le monde se fende en mille miettes,
alors que dire *je* restait un scandale,
alors que les prisonniers de l'image cherchaient leurs histoires ailleurs,
paralysés dans le cerveau des vainqueurs.
Toutes mes vies étaient en guerre, c'était difficile
de creuser l'image dans l'image.
Difficile de garder le cap sans racines.
On me croyait en attente de délivrance.
Car chaque nuit je dessinais la forme d'un autre demain.

TROISIÈME SEMAINE
AN 2012-2013

Dix-sept

Les feux d'Athènes se sont réveillés. Des années de pauvreté ont balayé
le monde.
Je dis des années, mais je parle de mois de sorciers, de sorcières,
je parle de forgerons, je parle de places aux arbres rouges,
de livres retournés comme des gants trop chauds,
de milles feux qui couvent sous les pierres.

En avril, j'ai voyagé à nouveau, j'ai recueilli les animaux du bestiaire métissé,
j'ai récité mon poème rouge dans la salle de confiance.
En secret, je fomentais la démission des âmes les plus lâches — je dis âme,
je dis sourires figés dans le mépris,
sculptures de cire dans le musée du pouvoir.
Puis le jour que je n'attendais plus s'est levé dans la ville grise.
Je suis rentrée par le ciel.

Je me suis souvenue du nom de toutes les rues.
Les comptables pratiquaient leur sport avec fureur,
mais ils étaient de plus en plus nombreux
ceux qui déroulaient des affiches colorées.
J'ai appris en une seule nuit la sagesse de ne plus disparaître,
car même mon espoir le plus noir vivait sans peine
devant la murale écrite contre l'exil.
La mère portait l'oracle au cou comme un bijou sacré.
Tu me voyais sur un petit écran en train de changer l'eau en vin.
Personne ne voulait croire qu'il n'y aurait pas de suite.

Dix-huit

Quand le grand silence s'est installé, je me suis vue couchée,
mains nues,
au beau milieu d'une forêt.

Chaque matin, dans la ruelle, une femme soulevait sa longue jupe pour faire ses besoins,
elle souriait à son compagnon,
le soleil composait des victoires pour septembre,
c'était chez moi, ce fragment réitéré d'humanité.
Je me demandais comment y survivre,
je rêvais de rongeurs d'Amérique défendant leur nourriture avec leur dard.
Ils piquaient le chat de manière meurtrière,
celui-ci remontait par les tuyaux,
puis continuait à souffrir sous le lit.
Le bruit de l'absence souffrait, le silence des autres souffrait,
j'inventais des passions de quelques secondes,
des corbeaux se multipliaient comme en un cinéma de l'horreur,
la maladie fumait avec le voisin de la chute.

Les êtres remuaient dans l'ombre de la forme du jour.

Dix-neuf

Il s'est mis à faire très noir dans l'autobus. C'était l'horizon d'une tempête,
le nuage appréhendé de la fin des temps.
Nous n'avancions plus, mais nous ne disions mot. La neige s'égouttait, obsolète,
à nos pieds.
Puis une grande affiche est passée de mon côté, coiffant une petite voiture,
l'écrasant de son poids creux,
la grande affiche passante qui ne broie jamais de noir,
nous aveuglant de trop de lumière,
des lumières fortes comme des ordres.
Un objet perdu s'est mis à transpirer la haine quelque part sur le plancher.
La propriété s'ennuyait devant l'éclat de son propre succès, et seule j'étais
dans la couleur rouge.
J'entendais passer les automobiles sur le corps d'une femme, je ne pouvais plus faire autrement,
je n'étais dans les bras de personne, et certaines gaités me tuaient.
J'ai noté le début d'un poème actif, j'ai respiré dans le mot détresse, l'autobus a aussi sombré
dans un avenir inutile.
C'était la forme d'une oraison sans public.
Je suis sortie, j'ai continué, j'ai redessiné le détail de la lutte.

Vingt

En novembre, un nouvel incendie a ravagé l'usine des vêtements de l'ouest.
Les neuf étages de l'enfer se sont écrasés sur les ouvriers du pays des terres inondées.
Tu as pris mes os froids entre tes mains, la ruelle était maintenant déserte,
les fumeurs déplacés dans des caves invisibles.
Je pleurais sur des morts inconnus,
j'errais dans de grands centres commerciaux,
surprise par le nombre, surprise,
il n'y avait pas d'automne.
Décembre a commencé la peau tirée sur les paupières,
tirée comme vers hier,
hier sans passé,
des infanticides en série,
des marchandises emballées sous l'arbre à images.
Oublions ce qui s'est passé, oublions que le tueur avait
ciblé des enfants, disiez-vous.
Nous attendions la fin de l'égarement, c'était la démocratie rêvée,
le blanc paysage sous une toiture illuminée.
La vision noire faisait toujours de moi l'ennemi de la poésie, tu réchauffais
mes petits os, le chat transpirait, je ne disais mot, nous étions des multiples,
des nombres carrés de l'amour, mes sœurs, mon frère, mes enfants.
Mes histoires d'animaux muets.

Vingt et un

Mais l'autobus était noir. Dans mes songes annonciateurs,
dans le futur accepté par tous.
Le 16 décembre, six hommes vidaient leur corps sur la fille
jamais redevenue vivante.
Une révolte a ensuite semé des cendres sur toutes les routes, nous apprenions
ce que nous savions déjà, tu défendais le territoire de la paix,
ou était-ce celui de l'amitié,
ou celui de l'aveuglement,
car la moitié de l'humanité était toujours menacée.
Je ne pouvais plus titrer aucune de mes heures, des rivières polluées transportaient
des restes d'infantes jusqu'aux grottes de l'oubli,
je pensais à des secondes, des vingtaines de secondes avec couteaux
dans la chair, les os, les secondes, les bars de métal, les doigts forts, aucun
miracle.
Ce n'était pas une vengeance. Ce n'était pas une maladie.
Jamais je n'avais prié dans la rédemption.
Jamais je n'avais écrit la célébration.
Moi l'histoire, je vivais, je prenais la mesure d'un vêtement,
la guerre était déclarée.

Vingt-deux

Aucune consolation n'est venue de nulle part.
Dans un enclos étroit, je me suis mise à parler à l'ennemi.
Mes fenêtres étaient calfeutrées, la neige étoilait de petits sapins joyeux
sur le mur de briques.
Je pensais au temps comme à une clé que j'aurais perdue. C'était austère,
et confortable.
La colère était un miroir dur.

Ainsi j'arpentais l'année impaire, l'année de la mise à nu du chagrin,
tandis que des soutanes souriantes posaient la main sur des têtes d'enfants.
Marie-Immaculée de la Vérité, les absents en noir et blanc souriaient,
arrachaient les noms du paysage,
et les arbres mouraient de leur survie.

Existait donc ce passé incomplet.
La télévision éclairait le récit de sa lumière froide.
Nous étions plus francs que jamais.

Vingt-trois

Sur l'Autoroute des Larmes une tombe maintenant se creusait,
chaque jour plus profonde,
pour les corps des femmes du plus grand abandon.
Treize fois j'ai changé de visage.
J'ai récité mes poèmes de la cité des mortes, et je me suis ensevelie
sous les roches brûlantes.
Ailleurs, c'était la même ombre.
Tu m'as écrit du Nord, je suis née, il y avait toi,
le chat ressuscité par mon souffle,
et l'autre, celui de la connaissance de la nuit.
Parle au silence de la neige, m'as-tu demandé,
la forme du crépuscule sera ton espoir,
sera une brindille, sera un cercle de jeunes chevreuils,
sera ton sommeil.

Vingt-quatre

Le 26 juin, j'ai marché dans la rue, j'ai marché sur le pont,
j'ai marché le long des arbustes hérissés de la contrevie.
Les mots s'étaient réfugiés sous l'aile d'un avion.
La transhumance des troupeaux se complexifiait,
la fête avait lieu, la soif était forte.
Un train fantôme allait bientôt dévaster un village entier.
Personne n'ignorait ce que les images disaient. Personne ne savait.
C'était le mois, la fête était forte,
l'oubli était calme.
Le chat soupirait loin de mon chant.
Je promettais des fruits, je divisais mes cils en secondes,
les mains tremblaient dans le joli désordre.
C'était encore le soir, et c'était, et ce n'était pas,
et cela croissait sous la lune de fer.

2
PHOTO-PAYSAGES

FLEUVE

Je n'écris pas de poème
quotidien
où le froid rompt les joues
et où les moteurs de motoneige
secouent les arbrisseaux
à l'entrée de l'hôtel

Je me retiens de penser
de parler de la roue
des goélands malaimés
sur le cap
face aux montagnes
je retiens mon élan
vers le fleuve
tout ce qui parle
enterré là
sous une brique

Le vent ne me dévore pas
tout est parfait peut-être
sauf la petite tragédie
des nuits surréelles
avec les personnes héroïques
que je ne connais pas

Tout est parfait
même cette nuit isolée
où les chiens de campagne
se mordent entre eux
même le mystère même
les fleurs empoisonnées
qui grimpent sur mon dos

Peut-être le vert la neige
tout est parfait
la nature le ciel
la virgule pailletée
dans une zone de douleur
le rêve à en-tête
tout est exact

La forêt tatouée sur un œil
le vent ne me dévore pas
les arbrisseaux s'inclinent
au passage des hommes de la roue
je chante ritardando
tel l'astre
qui scintille
au plafond du dortoir

Personne ne s'inquiète plus
des pensées
je regarde la neige tomber
le fleuve miroite à la fenêtre
du douzième étage
je suis éprise du clair
à la vue
d'une rafale de vent

Météore les rêves de refrain
je chante tel un astre
je suis rapide comme le vert
le passé s'est éteint
dans le froid
des arbrisseaux
qui décorent le chemin

Immobile
le fleuve bordé d'étoiles
peut-être néant
peut-être brouillard
seulement nuit
seulement givre
moi aussi
soldat libéré de la pluie

SQUELETTES

Je ne dirai plus rien de macabre
j'espère ne plus dire le mot
plus mort que la mort
je ne collectionnerai plus
les petits squelettes
je le jure
je parlerai seulement aux oiseaux
sur le rivage

Ce sera des poèmes de rien
jetés au fleuve
pour me soustraire
au roman du centre perdu
aux sortilèges du soleil
sur mon enfance
je me tairai je le jure
avec la tête d'Antigone
sous le bras

Je ne vous ferai plus mal
ce sera toujours l'heure
de l'apéritif ordonné
dans une cage
je n'écrirai plus ceci
dans une langue salie
par la rage
je sourirai douce-amère
au parfum de la poussière
à la fatigue des pétales de roses
tombés sur le sol

Mon visage collé sur le temps
j'écrirai le roman
de la foule en liesse
je penserai à demain
dans la cité d'où je suis exclue
je ne parlerai plus au nom
d'impossibles paroles
avant de dire non
je dirai oui
comme vous le souhaitez
jour après jour

Oui tout un été
je serai captive des autres
la nuit je penserai en renard froid
j'essuierai des refus
tranquillement
comme on lisse son poil roux
avec de petites incursions de blanc

Je ne penserai plus
à mon anniversaire
cette journée le gazon poussera
dans la cour de l'histoire
un courant d'air sans contenu
fera tomber ma collection
d'animaux en terre cuite
je ramasserai les morceaux
sans maudire l'horizon du mal

Le bruit des écorces
aura déjà fait de ma peau
quelque chose d'extravagant
je ne ferai rien de plus
ma colère sera pure
silencieuse
personne ne voudra croire
à la mort
aux mots déracinés
à l'orgueil gigantesque du sang

Je survivrai à ces années de révolte
ma musique sera chargée
d'ombre
mais je ne le dirai pas
je saurai encore lire
mais je ne le dirai pas non plus
à vélo sur la route
les mots s'échapperont de mon panier
et jamais je ne me retournerai
pour les rattraper

Je serai obsédée par mon corps
en femme d'époque
j'aurai des mèches rouges
pour un seul miroir
mais une robe restera suspendue
à son cintre
dans le noir
aussi longtemps
que la grève durera
je ne monterai plus au sommet de rien
vous me verrez
étendue dans mon lit
avec des réponses de chat

Je fermerai les yeux sur tout
comme on m'a appris à le faire
mes souvenirs
je les condenserai dans un seul
cauchemar à la fin de la nuit
je respecterai aussi la grandeur
de votre salut
je ne m'enfuirai pas
par la plus petite porte cachée
je ne dormirai dans aucune fourrure
il n'y aura personne pour me regarder

Ce sera comme un orage
dans la cale d'un navire
le marchandage aura fait de nous
des esclaves
je ne dirai rien de plus
les paroles saigneront
sur un lit ouvert
nous composerons le présent
en de rutilants et multiples savoirs
je dessinerai une sirène sur le sable
à l'arrivée
ce sera ma vie
et je la tairai

Je tairai la trahison
je le dis maintenant tout
tout sera la haine refoulée
dans le quartier historique
j'arracherai d'autres bras
je prendrai des arbres comme témoins
des fantômes passeront en me touchant
la nuque
ce vent léger sera mon tremblement final
les autres rongeront le coucher de soleil
un ami me parlera d'errance
il sera seul
lui aussi
derrière les murs de papiers

Alors un autre jour viendra
je découvrirai des montages de trésors
abandonnés
oui mon dieu aide-moi à traverser
je donnerai mon sourire au plus
offrant
le poème s'éteindra de lui-même
le pont unique
passerelle de tous
il ne sera plus question d'un drapeau
noir
seul l'effigie du bonheur flottera
au-dessus du grand fleuve
je serpenterai
je ne vous ferai plus mal
le mal n'aura jamais été entendu

FUITE

Dans chaque espace de solitude, les voix me secondent.
Je traverse la rue, je vois le visage du chien au sommet du langage.
Je ne dis pas : un délit de prose.
Je ne dis pas : un triste poème à la main.
J'entends des bruits de klaxons, des couples en chicane.
Le temps fracturé, un grand oiseau qui vole, une enquête qui traverse la forêt.
Je cours vers le mémorial, il est fermé ; je cours vers l'Histoire,
je demande qu'on ouvre les barrières, que les morts reviennent,
que rien ne soit encore né.
Chuchotements de bleu et d'orange ;
Voici *les poupées de la peur*.
Voici les visages à deux mots, les visages.
Je n'écris pas la nuit, ne tisse aucun lien, la sauvagerie trafique mon sourire
tandis que des plats pour âme seule s'accumulent sur le comptoir.
Je ne vis pas dans une tour.
Tout près, il y a un vieux robinier ; c'est le square du résistant,
là où parfois, le matin, le monde se rétablit.
Quand je mourrai, c'est la jeune moi qui mourra, pas l'autre,
pas la vieillesse que je suis devenue.
Les écrivains fument dans leur nid.
Je suis fantôme, moi aussi.
J'ai bu trop vite, j'ai vu trop vite, je cherche l'image incognito,

je désire quelque chose qui éclate comme un bouquet de fleurs blanches.
Je fuis ma propre fuite.
L'échec ne s'arrête pas là.
D'un minuscule cinéma, la boîte magique, sortent deux vieillards qui sourient.
C'est si reposant d'aller au cinéma, dit l'une.
Des gouttes d'or s'animent dans mes yeux.
J'écris la phrase : je voudrais que plus personne ne me voie.
Ne plus jamais voir que je suis vue.
Nous sommes vus par tous, nous reluisons dans cette perte.
Nous, je.
Les autres.
Un parc, des bosquets, des bancs de pierres grises.
Un monument, des ruines.
Le train file.
Ne plus jamais être photographiée, filmée, partagée.
Est-ce que le monde est solaire?
Est-ce que l'oubli est en ordre?
Je suis sous la tente.
Le poète récite ses poèmes avec de merveilleuses chutes.
Il les construit comme de miniatures tours bien solides.
Je le regarde dans ma robe à fleurs.
Maintenant, il faut se taire, a écrit le peintre à son frère.
Maintenant, il faut se taire, maintenant,
il faut se taire.
Les shamans, les prisons, les pieds fatigués.
Je sais qu'il y a des corbeaux dans l'allée des cyprès, j'écoute,
il se prépare une autre guerre.
Je suis pliée, je suis patiente, j'insiste.
Le jour ne me répond pas.
Je participe au sauvetage de filles esclaves,
je dois faire des liens, je me souviens, tu te souviens.

J'ai vu la répétition dans des salles de théâtre.
Il y a eu aussi des aveux.
Un jour complet d'aveux.
Dos contre la montagne j'ai avalé toutes les paroles, une à une,
et puis quoi.
La neige là-bas ne me répond pas.
Je signe mon nom, j'épitaphe, j'épigramme, je cherche le monde qui déplie,
qui décroit.
Un singe me surveille dans l'allée des images.
Je pense trop vite, j'ai su trop vite.
La pluie me désordre.
Une histoire, deux histoires, des lacs lancés sur des corps goupillés.
Je m'arrête dans une salle, je feuillette le catalogue, j'écris le roman.
C'est un regard antihéroïque sur la guerre d'Espagne,
disent-ils.
Je photographie comme personne, cette maison, rien n'était mon enfance.
L'idée de la mort me confine soudain à une plateforme invisible dans le train.
Je fuis la grotte où je suis née, descends dans l'éther, mords les cordages
du *bateau solaire*.
J'avoue avoir bien trop parlé, c'était une idée, un périple.
C'était la viande avalée sans angoisse, le pouvoir du régiment.
Militons, creusons un tunnel sous la pierre, déterrons le poème.
Le square, le rang dix, la rue des écailles.
Les morts parlent, je souris.
Je fais des vœux en soulevant les bras.
Quelques enfants décrivent la vie au Château.
L'ouïe, la vue, le toucher, l'odorat.
Le monde est peuplé de fantômes, moi aussi, je m'échappe.
En portraits, en graines d'orties.
Par la porte du cachot.
Par le ciel étoilé du donjon.

Je poursuis ma route, le pétrole brûle par là,
il faut se précipiter.
Bientôt, ce ne sera plus ça, bientôt l'idée même de paysage
disparaîtra.
Et puis non, renaîtra, comme un soupir dans un compartiment
de troisième classe.
Est-ce que tout existe?
Une enfant le demande.
Je lui montre la photo d'un renard attablé au café du neuvième.
Celui qui parle, un animal, je m'accorde à son rythme.
Je ne visite l'enfance de personne, je m'intéresse à la voix
qui déchire le ciel.
Tout pourrait être le portrait de la nostalgie,
si j'entretenais le jardin des pitiés.
Ou si j'avais un passé.
Courir vers le mur, lire le nom des disparus,
ouvrir l'éventail en bois de poirier ;
ce n'est pas la leçon de la fuite.
J'écris ceci, d'autres voix me ramènent au large.

3
UNE NUIT

La forêt sage
les temples cachés
les ruines fixées à demain

Un rêve où ce sont
les arbres qui naissent
et regardent

Une joie repose
le feu imparfait où sautillent
quelques visages

Monde enfumé
je pense à cela
la fatigue et les os

Pourquoi

NOTES

Référence des passages en italiques :

p. 21 – citation du roman *Le jour des morts*, de Cees Nooteboom

p. 73 – série de photographies *Muñecas del miedo*, de Kati Horna

p. 75 – tableau *Bateau solaire*, d'Anselm Kiefer.

TABLE DES MATIÈRES

1. LES JOURS 5

Première semaine. An 2009-2010 7

Deuxième semaine. An 2010-2011 19

Troisième semaine. An 2012-2013 29

2. PHOTO-PAYSAGES 41

1. Fleuve 43

2. Squelettes 55

3. Fuite 71

3. UNE NUIT 77

Un grand merci à Jean-Claude Ravet qui m'a invitée à être auteure en résidence à la Revue Relations. Les huit premiers poèmes de ce recueil y ont été publiés de septembre 2009 à août 2010.

DE LA MÊME AUTEURE

AU NOROÎT

Ce qu'elle voit. Noroît, 2010.

Piano mélancolique. Noroît, 2005.

Sombre ménagerie. Noroît, 2002.

La terre est ici. VLB, 1989 ; Noroît, 2004.

CHEZ D'AUTRES ÉDITEURS

Le parfum de la tubéreuse. Alto, 2015.

Autobiographie de l'esprit. La Mèche, 2013.

Guyana. Leméac, 2011.

Pourquoi faire une maison avec ses morts. Leméac, 2007.

Diligence. Les petits villages, 2004.

La maison étrangère. Leméac, 2002.

L'île de la Merci. Leméac, 1997 ; BQ, 2001.

Deux ou trois feux. Avec des photographies de Jocelyne Alloucherie, Dazibao, 1997.

Caravane. Leméac, 1994 ; BQ, 2004.

Le bruit des choses vivantes. Leméac, 1991 ; Babel, 1998.

La voix de Carla. VLB, 1987 ; Leméac, 1999.

La Catastrophe. En collaboration avec Louise Desjardins, La Nouvelle Barre du Jour, 1985 ;

La Nouvelle Catastrophe. En collaboration avec Louise Desjardins, avec des dessins d'Elmyna Bouchard, Éditions du Silence, 2007.

Navires de guerre. Écrits des Forges, 1984.

Dans le delta de la nuit. Écrits des Forges, 1982.

La mer à boire, nouvelle. Éditions de la Lune occidentale, 1980.

POUR LA JEUNESSE

Rose, derrière le rideau de la folie. En collaboration avec Daniel Sylvestre, La courte échelle, 2009.

Le meilleur ennemi d'Annette. Avec des illustrations de Doris Barrette, La courte échelle, 2006.

Voyages autour de mon lit. Avec des eaux-fortes d'Elmyna Bouchard, La courte échelle, 2002.

Guillaume Rioux, le poisson orphelin. Avec des illustrations de Marc Mongeau, La courte échelle, 2001.

Série Puce : *Ma maison* ; *Mes animaux* ; *Mes douceurs* ; *Ma famille* ; *C'est sale* ; *C'est bizarre* ; *C'est loin* ; *C'est drôle.* En collaboration avec Daniel Sylvestre, La courte échelle, 2001-2005.

Annette et le vol de nuit. Avec des illustrations de Doris Barrette, La courte échelle, 2000.

La leçon d'Annette. Avec des illustrations de Doris Barrette, La courte échelle, 1999.

Les cahiers d'Annette. Avec des illustrations de Doris Barrette, La courte échelle, 1998.

TRADUCTIONS

Guyana. Traduit en anglais par Rhonda Mullins, Coach House Press, 2014.

Dark Menagerie. Traduit en anglais par Andrea Moorhead, Guernica, 2014.

The Alien House. Traduit en anglais par Sheila Fischman, Cormorant Books, 2004.

The Body's Place. Traduit en anglais par Sheila Fischman, Cormorant Books, 2003.

Delta de la noche. Traduit en espagnol par Luis Armenta Malpica et Gabriel Martin, Mantis Editores/Écrits des Forges, 2003 (édition bilingue).

Navios de guerra. Traduit en espagnol par Luis Armenta Malpica et Gabriel Martin, Mantis Editores/Écrits des Forges, 2002 (édition bilingue).

El soroll de les coses vives. Traduit en catalan par Lourdes Bigorra, Edictions de la Magrana, Barcelona, 2001.

The Sound of Living Things. Traduit en anglais par Sheila Fischman, Coach House Press, 1993 ; Cormorant Books, 2004.

LA FORME DU JOUR
a été composé en caractères Minion condensé corps 10
et achevé d'imprimer par l'imprimerie Gauvin
le 10e jour du mois de mars
de l'an deux mille seize
pour le compte des Éditions du Noroît.

Direction littéraire
Paul Bélanger
et
Patrick Lafontaine

Le logo du Noroît est extrait d'une eau-forte de Marc Séguin.

MIXTE
Papier issu de
sources responsables
FSC® C100212
FSC
www.fsc.org